(Conserver la couverture.)

DOCUMENTS

RELATIFS

A

M. Jean ENTRAYGUES

NÉGOCIANT

10, Rue Neuve-des-Capucines, 10

PARIS

Classés par M. R⁰ DUPUY

—

1877

Paris. — Typographie Seringe Frères, place du Caire, 2.

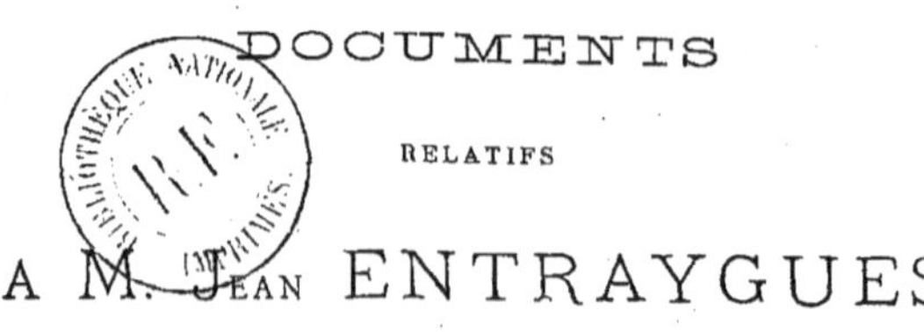

DOCUMENTS

RELATIFS

A M. JEAN ENTRAYGUES

NÉGOCIANT

10, Rue Neuve-des-Capucines

PARIS

Classés par M. Rⁿ DUPUY

—

1877

JEAN ENTRAYGUES

M. Jean ENTRAYGUES, né à Brive (Corrèze), le 19 octobre 1829, fut élevé chez les Frères de la Doctrine chrétienne.

A dix-sept ans, Entraygues, ouvrier boulanger à Bordeaux, faisait partie de la Compagnie du Tour de France, et là (comme plus tard à Paris pendant quatorze ans), apportait des idées nouvelles, des améliorations de chaque jour qui ont contribué puissamment au progrès de cette association et de toutes celles du compagnonnage en général.

Soldat de la classe de 1849, Entraygues resta environ quatre ans au 6ᵉ de ligne, travaillant avec ardeur comme auxiliaire aux manutentions militaires. A force de peines, d'économies et de ses seuls deniers, il put se faire remplacer ; quelque temps après, il se marie, sans aucun avoir, n'ayant rien à espérer comme fortune du côté de sa femme, et vient à Paris, n'ayant pour toute ressource que la foi ardente de celui qui veut arriver quand même, et qui compte sur l'aide de la Providence.

Après trois années de labeurs incessants et d'énergie, en mettant sou sur sou, il réalise une petite somme qui lui permet de créer en 1860, rue Neuve-des-Capucines, 10, un fonds de marchand de Comestibles et Primeurs qu'il fait encore valoir aujourd'hui et qui, grâce à sa vaste connaissance du métier, à son entente complète de la manutention et à des améliorations incessantes, est arrivé au premier rang des établissements de même nature. De sa Maison sortent chaque jour les produits les plus parfaits en truffes, pâtés, viandes, légumes, etc.; il apporte à la préparation des conserves, un soin tout particulier, et ses innovations et ses perfectionnements lui valent successivement plus de vingt médailles, or vermeil et argent.

A la dernière exposition d'horticulture (Palais de l'Industrie), où il obtient la grande Médaille d'argent, Monsieur le Maréchal, Président de la République, daigne lui faire l'honneur de l'entretenir, et le félicite au sujet de ses beaux apports en fruits forcés, conservés, etc., etc.

L'Académie nationale agricole, manufacturière et commerciale lui décerne la plus haute récompense, son Diplôme d'Honneur, pour un travail manuscrit traitant des falsifications dans la préparation des conserves alimentaires et des moyens pratiques à prendre pour faire entrer dans l'alimentation la viande à bon marché, dans l'intérêt de la classe ouvrière et nécessiteuse.

Un jugement éclairé, appuyé sur des connaissances sérieuses, doit recommander la compétence de l'auteur dans la formation des jurys, dit le rapport de la savante Compagnie.

Enfin, dans le cours des années 1866 et 1873, les titres flatteurs de Fournisseur breveté de S. A. I. la Princesse Mathilde et de Sa Majesté l'Empereur du Brésil, lui sont octroyés.

Il crée, en outre, une maison à Brive.

Voilà la vie commerciale d'Entraygues ; il a trouvé le succès, mais que de luttes, que d'études, que de privations, que de nuits passées au travail, pour, de simple ouvrier, parvenir, en un laps de temps relativement court, au rang d'un des grands industriels de Paris.

Si nous passons à la vie intérieure d'Entraygues, nous retrouvons la bonté, l'abnégation, le dévouement. Il faudrait citer tous les traits de sa générosité, mais ce serait trop long, contentons-nous des plus saillants :

Quelque temps avant la guerre, un brave sous-officier, Étienne Bardon, perd sa femme après une longue et coûteuse maladie et reste sans argent, avec la charge de trois enfants, une fille, deux garçons en bas âge, et de sa belle-mère. Que fait Entraygues ? Il se rappelle que sa femme est la marraine de la petite fille, âgée de sept ans ; il n'hésite pas un instant ; il prend chez lui l'enfant et se charge de la faire élever entièrement à ses frais ; il fait placer l'aîné des garçons chez les Frères de l'École chrétienne de Saint-Nicolas, et il subviendra à tous ses besoins. Le père est sauvé de la misère, il ne lui reste plus qu'un enfant, et réduit, qu'il était, au désespoir, il se reprend à aimer l'existence et le travail, grâce au dévouement intelligent d'Entraygues.

Au moment de la guerre, Entraygues se souvient qu'il a été soldat, qu'il a fait campagne ; il pense à la patrie menacée ; le voilà dans la garde nationale, où, en toutes circonstances, il paie de sa personne et de sa bourse. Alors il donne abondamment pour les canons, les cantines, les ambulances ; de l'argent, des vivres, des conserves aux pauvres, aux amis, aux voisins, ne comptant pas, ne songeant qu'à faire le bien et le bien faire.

Arrive la Commune. A la manifestation de 22 mars 1871, place Vendôme, lorsque les blessés tombaient de tous côtés, on retrouve Entraygues qui, sans se soucier du danger, n'écoutant que son cœur, ne songeant qu'aux malheureuses victimes, s'élance sous le feu des fédérés, relève les blessés et les transporte aux endroits de secours, où seize malheureuses victimes reçoivent les premiers soins.

Sa belle conduite lui a valu nombre de médailles et de diplômes de Sociétés humanitaires.

Son Exc. M. le Ministre de Honduras, qui avait été à même de juger son abnégation, et après services rendus à son Gouvernement, voulant honorer tout particulièrement Entraygues, obtient pour lui la Croix d'officier de Santa-Rosa et Civilisation (Mérite civil).

Partout où se trouve une bonne œuvre à faire, une belle ou bonne action à accomplir, on retrouve Entraygues. Il ne marchande pas avec sa peine, encore moins avec sa bourse ; jamais un appel vain ne lui a été fait. Les écoles, les bureaux de bienfaisance, les offrandes à l'armée, aux blessés, les Sociétés philanthropiques viennent continuellement le solliciter ; jamais ils n'ont essuyé un refus. Aussi, il ne faut pas s'étonner si Entraygues n'a pas une grande fortune ; il aurait pu la réaliser en se faisant égoïste ; il a pensé qu'il valait mieux faire le bien chaque jour, trouvant déjà une récompense dans l'idée du devoir accompli simplement, sans forfanterie, en homme de cœur, en frère de l'humanité, se souvenant de ses commencements, ayant la satisfaction de se dire qu'il a fait des heureux, remerciant la Providence d'avoir à ses côtés une sainte femme qui lui ressemble comme dévouement et charité, et à laquelle la municipalité de son quartier a décerné l'an dernier une Médaille d'argent en récompense de ses mérites.

J. Sénamaud.

EXTRAIT du *Catalogue Officiel* du Ministère de l'Agriculture et du Commerce.

RÉCOMPENSES DÉCERNÉES EN FÉVRIER 1877

à M. Jean ENTRAYGUES

De BRIVE (Corrèze)

Rue Neuve-des-Capucines, 10, à Paris

MINISTÈRE DE L'AGRICULTURE ET DU COMMERCE

CONCOURS GÉNÉRAUX

D'ANIMAUX GRAS, DE VOLAILLES

VIVANTES ET MORTES

DE SEMENCES DE CÉRÉALES

LINS ET CHANVRES, HOUBLON, POMMES DE TERRE

FRUITS FRAIS CONSERVÉS

LÉGUMES DE PRIMEUR, FRUITS SECS, MIELS ET CIRES

FROMAGES ET BEURRES

PARIS. — PALAIS DE L'INDUSTRIE. — FÉVRIER 1877

LISTE DES PRIX

FRUITS FRAIS CONSERVÉS

1re ET 2e CATÉGORIES
POIRES ET POMMES

PRODUCTEURS

MÉDAILLE D'OR. — Nos 463 à 481. — M. Entraygues, à Brive (Corrèze)
et rue Neuve-des-Capucines, nº 10, à Paris.

3e CATÉGORIE
CHASSELAS. RAISINS BLANCS ET NOIRS, ETC.

PRODUCTEURS

Sur la demande du Jury, M. le Ministre de l'Agriculture et du Commerce
a accordé une Médaille d'argent grand module à M. Entraygues, précité,
pour ses raisins.

FRUITS SECS COMESTIBLES

A. — PRODUCTEURS

MÉDAILLE DE BRONZE. — Nos 867 à 873. — M. Entraygues, précité.

OLIVES COMESTIBLES

A. — PRODUCTEURS

MÉDAILLE D'ARGENT. — Nos 983 à 986. — M. Entraygues, rue Neuve-
des-Capucines, nº 10, à Paris.

APPRÉCIATION de *l'Académie Nationale* et de divers organes de la Presse sur les Concours généraux de l'**EXPOSITION AGRICOLE DE PARIS** (Palais de l'Industrie, 1877).

JOURNAL MENSUEL

DES TRAVAUX DE

L'ACADÉMIE NATIONALE

QUARANTE-SEPTIÈME ANNÉE. — MARS 1877

AGRICULTURE.

CONCOURS GÉNÉRAUX à PARIS, FÉVRIER 1877
ANIMAUX GRAS, VOLAILLES, SEMENCES, FRUITS, LÉGUMES, ETC.

Ceci est l'exposition pantagruélique de chaque année : pendant cinq ou six jours, nous nageons en plein dans l'océan des *harnais de gueule*, et on peut bien dire que nous assistons à la fête des gourmands. Nous entendons quelques personnes affirmer qu'elles sont dégoûtées de ces longues files de poulardes blanches et dodues, des côtes rebondies de ces dindes monstrueux et des flancs dorés des canards normands. Par ma foi, je ne me dégoûte point si vite et j'avoue qu'en songeant à l'action dirigeante, transcendante et parfumante qu'un kilogramme de truffes du Périgord ferait dans l'intérieur d'une de ces poulardes, ce sont des idées autres que de dégoût qui me passent par la tête.

Tout cela est affaire de composition et de décomposition, pas autre chose. En présence des formidables culottes des bœufs et des vaches primés, je pense aux succulents beefsteacks qui gisent là dedans ; de même, qu'en considérant les jolis agneaux qui dorment devant moi, bien tendres, bien dodus, sur la paille, je rêve côtelettes ; et auprès des porcs immobiles, de gras fondu, je vois des jambons jambonnés et jambonnants passer devant mes yeux ! O la belle chose que bien comprendre la fin des fins, et que l'imagination fait de bien aux gens qui en ont !

La salle d'honneur, réservée les années précédentes aux volailles, est consacrée cette fois à l'exposition des fruits frais : poires, pommes, oranges, citrons, et surtout raisins.

C'est dans cette salle d'honneur que brille notre collègue J. Entraygues, l'Attila des fruits et le Goliath des truffes Son exposition comprend toute la longueur d'un des côtés. Il y a là des poires phénoménales pour une année d'abondance. Où les a-t-il fait faire ? dans une année comme celle-ci, qui brille par sa pénurie ?... Et des pommes !

Nous le retrouvons dans la salle suivante, aux fruits secs, et dans la salle suivante aux huiles, et partout ! Enfin il a remporté en tout quatre médailles : une d'or, deux d'argent et une de bronze.

H. d. L. — B.

LE TÉLÉGRAPHE — LUNDI

PARIS, 26 FÉVRIER 1877

DISTRIBUTION DES PRIX

AU CONCOURS AGRICOLE DU PALAIS

DE L'INDUSTRIE

Aux fruits et primeurs, sur la demande du jury, le ministre de l'agriculture a accordé une médaille d'argent grand module à M. Entraygues, pour un lot de raisins.

Pour le lecteur, s'il a parcouru cette longue nomenclature dans laquelle il aura trouvé des noms qu'il connaît déjà sans doute, il pourra constater que dans l'agriculture officielle on fait bien les choses, et que, dans ses concours, il y a beaucoup d'appelés et beaucoup d'élus.

L'ÉCHO UNIVERSEL DE MERCREDI

PARIS, 28 FÉVRIER 1877

9e ANNÉE. — 2e SÉRIE, N° 744

CONCOURS D'ANIMAUX GRAS

AU PALAIS DE L'INDUSTRIE

La plus belle exposition de fruits, ananas sur pied, oranges, pommes, poires, etc., etc., est celle de M. Entraygues, qui a à son actif un grand nombre de médailles et de récompenses, parmi lesquelles il en est qui sont dues au courage et au sang-froid déployés en de terribles circonstances.

LE SAUVETEUR

Douzième année. — Mars 1877.

PARIS

PETIT BULLETIN

— M. Entraygues vient d'être honoré, à l'Exposition agricole de cette année, d'une Médaille d'or, deux d'argent et une de bronze, pour la supériorité de ses produits.

ANNALES

DE

L'ACADÉMIE ETHNOGRAPHIQUE

DE LA GIRONDE

Avril 1877

PETIT BULLETIN

M. J. Entraygues, de Paris, vient d'être honoré à l'Exposition agricole de cette année, d'une Médaille d'or, deux d'argent et une de bronze, pour la supériorité de ses produits.

LE CONCILIATEUR

BRIVE (CORRÈZE), 10 MARS 1877.

— Le bulletin qui vient d'être publié par le ministre de l'agriculture et du commerce, contient la liste des récompenses récemment accordées aux produits agricoles, à la suite de l'exposition publique qui a eu lieu au Palais de l'Industrie des Champs-Elysées ; nous y lisons les mentions sui vantes, relatives à M. Entraygues, notre compatriote.

« Médaille d'or décernée par le jury à M. Entraygues, de Brive (Corrèze). pour les poires et pommes ; médaille d'argent grand module, pour ses raisins ; médaille de bronze pour ses fruits secs comestibles ; médaille d'argent pour ses olives comestibles. »

L'*Echo Universel* dit à ce sujet que « la plus belle exposition de fruits, ananas sur pied, oranges, pommes, poires, raisins, etc. etc., était celle de M. Entraygues, qui a à son actif un grand nombre de médailles et de récompenses, parmi lesquelles il en est qui sont dues au courage et au sang-froid déployés dans de terribles circonstances. »

Nous ne pouvons qu'adresser nos compliments à notre compatriote pour tout ce qu'il y a de flatteur pour lui dans les indications que nous rapportons.

M. Entraygues devrait bien communiquer un peu de son activité et de son habileté industrielles, à ses compatriotes de la Corrèze, qui figurent absolument pour zéro, dans l'innombrable détail de récompenses énumérées au Bulletin du ministère de l'agriculture et du commerce

LA RÉPUBLIQUE

BRIVE (CORRÈZE), 8 MARS 1877.

Il y avait fête, ces jours derniers, au Palais de l'Industrie à Paris. M. le ministre de l'agriculture et du commerce présidait la distribution des prix donnés aux agriculteurs pour les concours généraux d'animaux gras, de volailles vivantes et mortes, de semences de céréales, lins et chanvres, houblons, pommes de terre, fruits frais, légumes de primeurs, fruits secs, huiles d'olive, miels et cires, de fromages et beurres.

M. ENTRAYGUES, de Brive (Corrèze), rue Neuve-des-Capucines, 10, à Paris, a obtenu une Médaille d'or pour poires Belle-Angevine, et pommes rainettes grises; et pour ses raisins, sur la demande du jury, M. le ministre de l'agriculture lui a accordé une médaille d'argent grand module.

Parmi les objets hors classement, M. ENTRAYGUES a exposé ananas Cayenne, ananas Cayenne épineux, ananas Charlotte Rothschid, ananas Comte de Paris, bananes, dattes de Nice, fraises des quatre saisons, fraises docteur Morère, fraises Marguerite Lebreton, fraises Nicaise, truffes du Dauphiné et truffes du Périgord.

M. ENTRAYGUES, pour les fruits secs comestibles, a obtenu une médaille de bronze pour châtaignes du limousin, marrons du limousin, marrons du Luc, noix corne-mouton, noix Lalande du limousin, noix Marbeau à coque tendre, et noix princesses ; il a obtenu également une médaille d'argent pour olives amelau, olives du Luc, olives de Séville et olives verdales.

M. le ministre de l'agriculture et du commerce avait invité à sa soirée du mercredi 28 février tous les lauréats du concours. Un grand nombre avaient répondu à son appel. On voyait donc, ce soir là, dans les salons du ministre, d'humbles agriculteurs coudoyer les représentants des puissances étrangères, les sénateurs, les députés, les ministres et les hauts fonctionnaires de l'Etat. Inutile de rappeler que tous ont reçu l'accueil le plus bienveillant de M. Tessereinc de Bort.

    # FAC-SIMILE

DES

CERTIFICATS

DES ACTES DE COURAGE ET DE DÉVOUEMENT

ACCOMPLIS PAR

M. Jean ENTRAYGUES.

Fac-Simile.

5541 Le Soussigné docteur en médecine, demeurant Boulevard Montmartre 16, déclare que M. Entraygues, Jean, a couru le 22 mars 1871, lors de la fusillade de la place Vendôme un danger manifeste en venant relever, l'un des premiers, les victimes des Communards.

Étant l'un des organisateurs de cette manifestation mal inspirée j'étais au premier rang des hommes de l'ordre et je me suis retiré le dernier, de sorte que j'ai été témoin du véritable dévouement de M. Entraygues en cette circonstance

Paris le 8 févier 1875

Dr Bonnière

LE DOCTEUR BONNIÈRE
16 Boult Montmartre 16

Vu pour certification matérielle de la signature du Docteur Bonnière apposée ci dessus
Paris le 9 février 1875
Le Commissaire de police

COMMISSAIRE DE POLICE
9 A
RÉPUBLIQUE FRANÇAISE
QUARTIER DU FAUBg MONTMARTRE

Vassal
Mr Vassal

(5541)

Le Soussigné Pharmacien de
première Classe demeurant Place
Vendôme 28 Certifie que Mr Jean Entraygues
Négt domicilié Rue des Capucines 10 a fait
preuve de Courage & de dévouement lors
de la Manifestation qui eut lieu devant
chez nous le vingt — deux Mars 1871, vers
deux heures du Soir, & qu'il a risqué sa Vie
en relevant sous le feu des Fédérés
plusieurs des Victimes, atteintes de coups
de fusil, qui ont reçu les premiers
Soins à la Pharmacie.

J'ai Certifié les faits Ci dessus
avec mon Elève Mr John Strother
Versaille 1er d'Avril 1872

ANCNE PHARMACIE PARISS
SWIFT ENGLISH CHEMIST
PHN DE 1re CLASSE, SUCCr
28. PLACE VENDÔME, PARIS

Vu pour Certification Matérielle
de la signature de M. Swift apposée
Ci dessus — Paris le 26 Janvier 1875
Le Commissaire de Police

Mr Leroy de Kerranion

Fac Simile.

Je soussigné, Ernest Caillet, demeurant, 41, rue de la Victoire, certifie que le 22 Mars 1871, me trouvant rue de la Paix pour mes affaires, j'ai vu Mr Jean Entraygues, négociant, 10, rue Neuve des Capucines, porter secours et relever des blessés, au risque de sa vie, sous le feu des fédérés, au moment de la manifestation de la place Vendôme, qui eut lieu ce jour là dans l'après-midi.

E. Caillet

Vu pour certification matérielle de la Signature de Mr Caillet apposé ci-dessus

Paris le 28 Décembre 1871

Le Commissaire de Police

S. Taylor

Mr E. Taylor

Paris, le 28 Décembre 1874.

Suivant la déposition que nous avons faite, mon fils et moi, et d'après l'Enquête établie par Monsieur le Commissaire de Police du 2ᵉ Arrondissement (Rue de Hanovre.) Nous venons certifier de nouveau, avoir vu Mᵣ Entrayques Négociant 10 rue Nᵛᵉ des Capucines, au risque de sa vie, porter secours et enlever plusieurs blessés, atteints par le feu des fédérés à la manifestation qui eût lieu le 22 Mars 1871, Place Vendôme à Paris.

En foi de quoi nous signons notre nouvelle déclaration, et soumettons nos signatures à la légalisation de Monsieur le Commissaire de Police, du 10ᵉ Arrondᵗ.)

Gentzz Père
95 quai de Valmy.

Gentzz fils
95 Quai de Valmy.

EXTRAIT de quelques organes de la presse de Paris et de la Province.

BULLETIN FRANÇAIS

JOURNAL OFFICIEL DU SOIR

N° 313

Paris, Mardi 14 Novembre 1876

INFORMATIONS ET FAITS

Acte de probité. — On nous signale le fait suivant :

M. Entraygues, négociant, place Vendôme, a trouvé dernièrement, devant L'Opéra-National-Lyrique, un portefeuille contenant 2,000 francs ; il s'est empressé de le rendre à son propriétaire, M. S..., charcutier, rue Saint-Honoré.

LE PETIT JOURNAL

N° 5073

Paris, Mercredi 15 Novembre 1876

CHRONIQUE DU BIEN

M. Entraygues, négociant, place Vendôme, a trouvé dernièrement, devant l'Opéra-National-Lyrique, un portefeuille contenant 2,000 fr. ; il s'est empressé de le rendre à son propriétaire, M. S..., charcutier, rue Saint-Honoré.

LA RÉPUBLIQUE (N° 599)

BRIVE (Corrèze)

Chronique du Département.

Nous lisons dans le *Bien public* :

« Un acte de probité qu'on nous signale et que nous enregistrons avec plaisir.

» Un honorable négociant, M. Entraygues, a trouvé, il y a quelques jours, vis-à-vis du théâtre de la Gaîté, un portefeuille contenant 2,000 francs, et appartenant à M. Serourge, charcutier ; il s'est empressé de le remettre à son propriétaire. »

Nous signalons avec d'autant plus de plaisir cet acte de probité, qu'il s'agit d'un de nos compatriotes brivistes, M. J. Entraygues, négociant à Paris, 10, rue Neuve-des-Capucines.

LE BIEN PUBLIC

N° 318

Paris, Mardi 14 Novembre 1876

A bâtons rompus

Un acte de probité qu'on nous signale et que nous enregistrons avec plaisir.

Un honorable négociant, M. Entraygues a trouvé, il y a quelques jours, vis-à-vis du théâtre de la Gaîté, un portefeuille contenant 2,000 francs, et appartenant à M. Serourge, charcutier ; il s'est empressé de le remettre à son propriétaire.

LA PETITE PRESSE

N° 3844

Paris, Mercredi 15 Novembre 1876

Poignée d'Informations

— M. Entraygues, négociant, place Vendôme, a trouvé, devant le Théâtre-Lyrique, un portefeuille contenant 2,000 francs ; il s'est empressé de le rendre à son propriétaire, M. S..., rue Saint-Honoré.

LE CONCILIATEUR (N° 1037)

BRIVE (Corrèze)

CHRONIQUE LOCALE.

— Nous lisons dans le *Petit Journal* du mercredi 15 novembre :

« M. Entraygues, négociant, place Vendôme, a trouvé dernièrement, devant l'Opéra-National-Lyrique, un portefeuille contenant 2,000 fr ; il s'est empressé de le rendre à son propriétaire, M. S..., charcutier, rue Saint-Honoré. »

M. Entraygues, marchand de comestibles à Paris, Place Vendôme, est originaire de Brive ; son vieux père habite cette ville, et c'est lui qui a fait construire la belle maison qui se trouve à l'entrée de Brive, non loin du Pont-Cardinal. Nous sommes heureux de publier, à la suite du *Petit-Journal*, l'acte de haute probité qui honore notre compatriote.

Paris Imp. SERINGE FRÈRES, 2 Place du Caire.

Fac-Simile Paris 10 Novembre 1876

4590

Je soussigné Serouge antoine
Négt Chapelier rue St honoré 119 à Paris,
déclare que le 26 8bre dernier, vers quatre heures
du soir, je sortais de chez moi portant avec
divers papiers d'affaires, deux billets de la banque
de France de mille francs chaque, le tout
renfermé dans un portefeuille placé dans la poche
gauche de mon paletot, allant donner un ordre
de bourse à Mrs Dubreuil et Cie changeur rue
St Martin 359, je suivis les rues St honoré, du
Pont neuf, Turbigo, Bd Sébastopol, le square des
arts et métiers et la rue St Martin, me tâtant alors,
je ne trouvais plus mon portefeuille.
À mon arrivée chez moi, bien ennuyé, je trouvai
un honorable Négt de Paris, Mr Jean Entraygues
10 rue Nve des Capucines, qui m'attendait, Il avait
ramassé mon portefeuille devant le Théâtre de
la Gaité, je lui témoignai toute ma gratitude,
et le remerciai d'être plus favorisé que lui qui,
il y a un an, a été volé de deux mille francs
durant son absence

Serouge

FÉLICITATIONS DES AUTORITÉS MUNICIPALES
DU QUARTIER

FAC-SIMILE DE L'ENVELOPPE

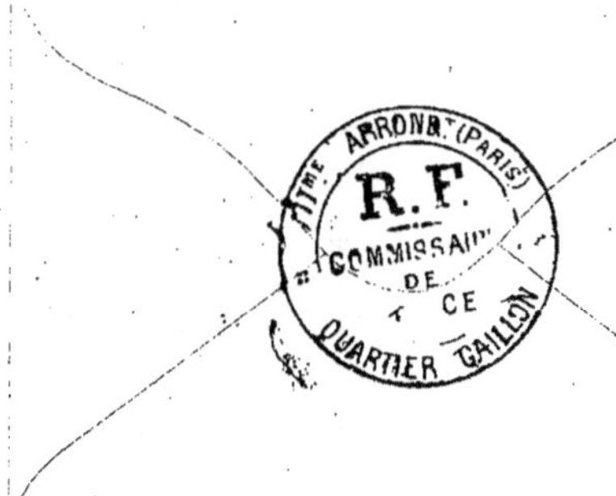

FAC-SIMILE DES CARTES